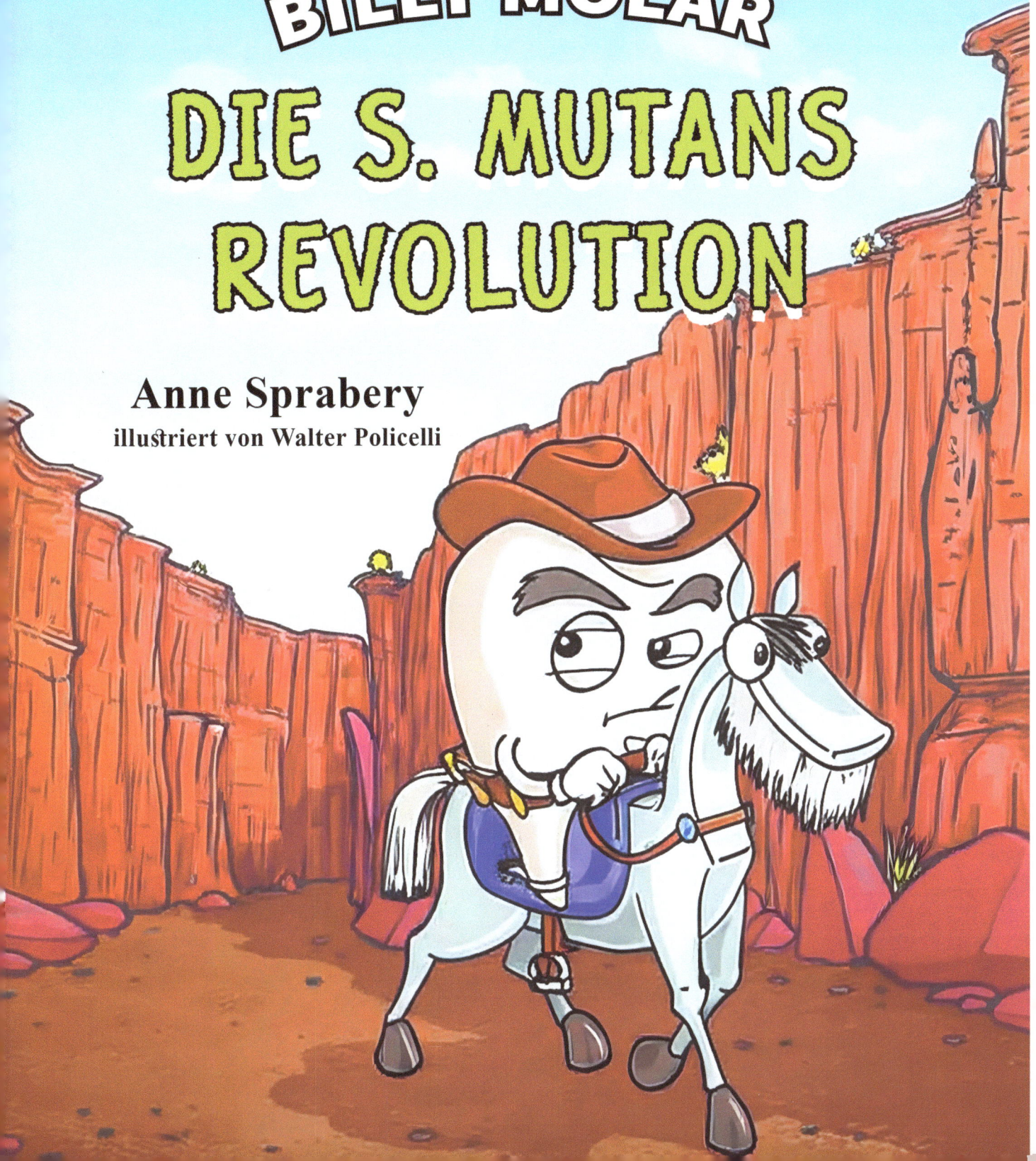

DIE ABENTEUER VON BILLY MOLAR

DIE S. MUTANS REVOLUTION

Anne Sprabery

illustriert von Walter Policelli

Gewidmet meinem liebevollen
Ehemann Tim und meinen beiden
Kindern Aubrey und Brandon, die
mich dazu inspiriert haben, meine
Träume zu verwirklichen.

Ein besonderer Dank gilt meiner
verstorbenen Mutter und meinem
Bruder Scott, deren Begeisterung mich
dazu ermutigt hat, niemals aufzugeben.

STUDIO
OF BOOKS
THE SPACE FOR YOUR MESSAGE

Studio of Books LLC
5900 Balcones Drive Suite 100
Austin, Texas 78731
www.studioofbooks.org
Hotline: (254) 800-1183

Für Firmen, Verbände und andere Organisationen bieten wir Mengenrabatte an. Für weitere Informationen wenden Sie sich bitte an den Verlag unter der oben angegebenen Adresse.

Gedruckt in den Vereinigten Staaten von Amerika.

ISBN-13:	Softcover	978-1-968491-23-9
	Hardcover	978-1-968491-24-6
	eBook	978-1-968491-25-3

Numéro de contrôle de la Bibliothèque du Congrès : 2025915786

„Die Abenteuer von Billy Molar: Die S. Mutans Revolution"

VON ANNE SPRABERY

rezensiert von Nicole Yurcaba

★ ★ ★ ★ ★

"Billy putzte sich aufgeregt die Zähne und wartete auf das Klingeln seines Zwei-Minuten-Timers. Er wusste, dass sein Vater neben seinem Bett auf ihn warten würde, um ihm eine Geschichte vorzulesen. Die Geschichten seines Vaters waren die besten."

In diesem unterhaltsamen Buch lernen junge Leser Billy kennen, dessen Vater ihm immer die besten Gutenachtgeschichten erzählt. Wenn Billy einschläft, tauchen er und die Leser in die Welt des Wilden Westens ein, wo sie Doc Molar und Bristles begegnen. Sie treffen sogar Bürgermeister Floss, der Doc Molar und Bristles um Hilfe bittet, damit sie Zugang zu den Xylitol-Minen erhalten, da sich in deren Nähe schädliche Insekten niedergelassen haben. Auf ihrem Abenteuer beobachten die Leser, wie Doc Molar dem Kartoffelchip-Banditen gegenübersteht, sich seinen Weg zu den Xylitol-Minen bahnt und „als gäbe es kein Morgen" reitet, um Bürgermeister Floss und seiner Stadt zu helfen. Sie sind auch dabei, um Doc Molar und Bristles anzufeuern, als diese der Stadt helfen, die S. Mutans-Bande zu besiegen. Am Ende des Buches haben die Leser nicht nur ein traumhaftes Abenteuer mit Billy, Doc Molar und Bristles erlebt, sondern auch wichtige Lektionen über die Pflege ihrer Zähne und ein strahlendes Lächeln gelernt.

Dieses Buch ist ein Abenteuer, zu dem junge Leser immer wieder zurückkehren werden. Die Illustrationen und die Handlung der Geschichte regen ihre Fantasie an. Figuren wie Doc Molar und Bristles sind einzigartig und inspirierend, weil sie jungen Lesern helfen, anderen mit Respekt zu begegnen und für sie zu sorgen. Gleichzeitig vermitteln diese Figuren Kindern eine respektvolle Haltung und vermitteln ihnen gleichzeitig Lektionen über Mundhygiene. Kinder lernen, wie wichtig es ist, sich die Zähne zu putzen, Fluorid zu verwenden und gute Gewohnheiten zu entwickeln, die sie ihr ganzes Leben lang beibehalten können. Dieses Buch wird sicherlich Leser aller Altersgruppen zum Lächeln bringen.

Ihr Buch hat die Bewertung „EMPFEHLENSWERT" erhalten.

DIE ABENTEUER VON BILLY MOLAR

DIE S. MUTANS REVOLUTION

Anne Sprabery

illustriert von Walter Policelli

STUDIO OF BOOKS
THE SPACE FOR YOUR MESSAGE

„**B**illy, hast du deine Hausaufgaben fertig?"

„Ja", sagte Billy. Seine Mama stand an der Badezimmertür und schaute nach, ob er sich fürs Bett fertig machte.

„Vergiss nicht, die Stoppuhr zu benutzen, wenn du dir die Zähne putzt!"

Billy putzte sich aufgeregt die Zähne und wartete auf das Klingeln der Stoppuhr, die zwei Minuten anzeigte. Er wusste, dass sein Papa neben seinem Bett auf ihn warten würde, um ihm eine Geschichte vorzulesen. Die Geschichten seines Papas waren die besten.

Billy sprang nach dem Zähneputzen auf das Bett neben seinem Vater und fragte sich, welches Abenteuer er heute Abend wohl erleben würde.

Billy hörte ihm ganz aufmerksam zu und lauschte gespannt einer Geschichte aus dem Wilden Westen über einen Cowboy, der eine Goldmine entdeckt hatte.

Der Cowboy sammelte so viel Gold, wie er und sein Pferd tragen konnten. Sie wollten alles in die nächste Stadt bringen, um es mit den Leuten zu teilen, aber unterwegs trafen sie auf ein paar Banditen. Um das Gold mit der Stadt zu teilen, musste er die bösen Jungs besiegen, und als er das geschafft hatte, kehrte er als Held in die Stadt zurück.

„**O**kay, Kumpel", sagte Billys Vater, nachdem er die Geschichte beendet hatte. „Morgen ist ein großer Tag für dich – Zeit zum Schlafen. Mögen deine Träume so wild und aufregend sein wie der Wilde Westen!"

„**B**ristles, diese Kneipe scheint ein guter Ort für eine Pause zu sein. Trink etwas Wasser. Wir können bald weiterreiten", sagte Doc Molar, als er von seinem Pferd stieg.

Doc Molar ging zur Bar, um ein Glas Milch zu bestellen. Die Zähne, die an der Bar saßen, hörten auf zu reden und schauten den Fremden an.

„Ich hab dich noch nie in unserer Stadt gesehen", sagte der kräftige Barkeeper. Er sah aus wie ein wichtiger Mann. „Wie heißt du, Junge?"

Doc Molar nahm seinen Hut ab. „Nun, Sir, mein Name ist Doc Molar. Mein Pferd Bristles und ich haben in Ihrer schönen Stadt Halt gemacht, um uns auszuruhen, bevor wir weiter nach Westen reiten."

Die Leute im Saloon wurden ganz still. Alle Gäste hörten auf, was sie gerade machten, und starrten Doc Molar einen Moment lang an.

„Bist du der berühmte Doc Molar, der die S. Mutans-Bande in Palate, Kansas, besiegt hat?", fragte der kräftige Zahn.

„Also ...", begann Doc Molar, wurde aber unterbrochen.

„Ich stell mich mal vor", sagte der kräftige Zahn. „Ich heiße Dental Floss. Ich bin der Bürgermeister dieser Stadt und wir brauchen deine Hilfe."

„Wie kann ich dir helfen, Bürgermeister Floss?", fragte Doc.

„Wir haben Grund zu der Annahme, dass sich ein paar Mitglieder der S. Mutans-Bande in den Bergen der Stadt verstecken und darauf warten, die Stadt anzugreifen."

Doc hörte aufmerksam zu, als der Bürgermeister ihm die ganze Geschichte erzählte.

„Das Problem ist, dass wir die Xylitol-Minen nicht erreichen können, um uns mit den Xylitol-Kristallen zu bewaffnen, die wir zur Verteidigung brauchen. Diese bösen Käfer haben ihr Lager direkt in der Nähe der Minen aufgeschlagen, zu denen wir Zugang brauchen."

Doc Molar saß einen Moment lang schweigend da, nachdem Bürgermeister Floss seine Geschichte beendet hatte, und dachte über das Problem nach. Schließlich sagte er: „Nun, Bürgermeister Floss, Bristles und ich haben es nicht eilig, also helfen wir euch gerne, ihr lieben Leute."

Die Menge in der Bar jubelte begeistert. Mit Zugang zu den Xylitol-Kristallen konnten die Zähne der Stadt die Bakterien wie S. Mutans davon abhalten, in die Stadt einzudringen, sie anzugreifen und krank zu machen.

SALOON

Doc Molar schüttelte dem Bürgermeister die Hand und verließ den Saloon.

„Also, Bristles, sieht so aus, als hätten wir noch ein Abenteuer vor uns, bevor wir nach Hause können." Bristles wieherte, als Doc Molar in den Sattel sprang. „Wir werden diese Stadt retten, indem wir die Mine finden und die Kristalle Bürgermeister Floss und den anderen Dorfbewohnern zurückbringen. Wir müssen die fiese S. Mutans-Bande aufhalten."

Doc Molar und Bristles machten sich auf den Weg. Ehe sie sich versahen, wurden sie beobachtet.

Doc Molar rutschte aus dem Sattel und schaute auf den Fuß des Berges an der Mündung einer der Xylitolminen.

„Bristles, das könnte es sein! Die haben wohl nur den Kartoffelchip-Banditen zur Wache gestellt. Schauen wir mal nach, bevor sie merken, dass er weg ist!"

LEVEL 0

„Wir haben sie gefunden!", rief Doc Molar Bristles aus der Höhle zu. „Wir haben die Xylitol-Kristalle gefunden!"

Bristles schnaubte vor Aufregung, als Doc Molar die Satteltasche zusammen mit seiner Spitzhacke vom Sattel nahm.

„Bristles, reite, als gäbe es kein Morgen!", rief Doc Molar. Sie rasten mit den Kristallen in die Stadt und bemerkten eine dicke Staubwolke am Horizont.

Doc Molar ritt durch die Hauptstraße und hielt vor dem Saloon an. Er sprang schnell von Bristles und rannte durch die Holztüren.

„Wir haben sie gefunden! Wir haben die Xylitol-Kristalle!", verkündete Doc Molar. Die Gäste im Saloon jubelten und hoben ihre Gläser zum Anstoßen. „Aber ... S. Mutans sind uns dicht auf den Fersen!"

Es wurde still im Raum.

„Bürgermeister Floss, wie können wir am schnellsten alle Zähne der Stadt vor dem Saloon sammeln, um uns auf den Kampf vorzubereiten?"

Bürgermeister Floss drehte sich zum Barkeeper um und nickte ihm zu. Der Barkeeper eilte aus dem Saloon.

Als die Kirchenglocken läuteten, versammelten sich die Zähne um Doc Molarand, den Bürgermeister. Die Zähne schauten Doc Molar erwartungsvoll an – sie hatten noch nie eine richtige Schlacht geschlagen.

„Wir können diese Bande nur besiegen, wenn wir zusammenhalten. Ich will, dass ihr euch in den Straßen und vor den Läden verteilt", sagte Doc Molar. „Wir koordinieren alles von unseren Positionen aus und schalten die Bande aus, sobald sie angreifen will." Die Zähne taten, was ihnen gesagt wurde, und warteten gespannt auf Doc Molars Signal.

Als die S. Mutans-Bande die Stadt erreichte, kämpften Doc Molar, Bürgermeister Floss und die Zähne in einer epischen Machtdemonstration für die Befreiung von Krankheiten.

Doc Molar richtete seinen Sechsschüsser auf die S. Mutans, feuerte nach Belieben Xylitol-Kristalle ab und schuf so eine Barriere, die die Bakterien umgab und sie daran hinderte, die Menschen anzugreifen.

Mit Fluorid gefüllte Beutel flogen durch die Luft und trafen die Bakterien, wodurch eine zweite Schutzbarriere entstand.

Die verwundete S. Mutans-Bande zog sich kurz darauf zurück. Die Menge jubelte, und die S. Mutans kehrten nie wieder zurück.

„Doc Molar, wie können wir dir danken?", fragte der Bürgermeister.

Doc Molar stieg auf Bristles und drehte sich zu Bürgermeister Floss um. „Ihr könnt mir danken, indem ihr diese ekelhaften Bakterien nie wieder in eure Stadt lasst.

" Mit einer schnellen Abschiedsgeste ritt Doc Molar auf Bristles in den Sonnenuntergang.

Am nächsten Morgen wachte Billy auf und wollte seiner Mama und seinem Papa unbedingt von seinem Traum erzählen. Er konnte es schon kaum erwarten, dass sein Papa ihm die nächste Gute-Nacht-Geschichte vorliest.

SO PUTZT DU DEINE ZÄHNE RICHTIG UND BENUTZT ZAHNSEIDE

Halte die Zahnbürste in einem 45-Grad-Winkel zu deinem Zahnfleisch und putze sanft in kleinen Kreisen an der Vorder- und Rückseite deiner Zähne. Putze deine Zähne niemals von einer Seite zur anderen – das ist zu hart für deine Zähne! Nimm nach dem Putzen ein Stück Zahnseide, wickle es um deine Finger und halte es fest, während du die Zahnseide wie einen „C" um den Zahn legst.

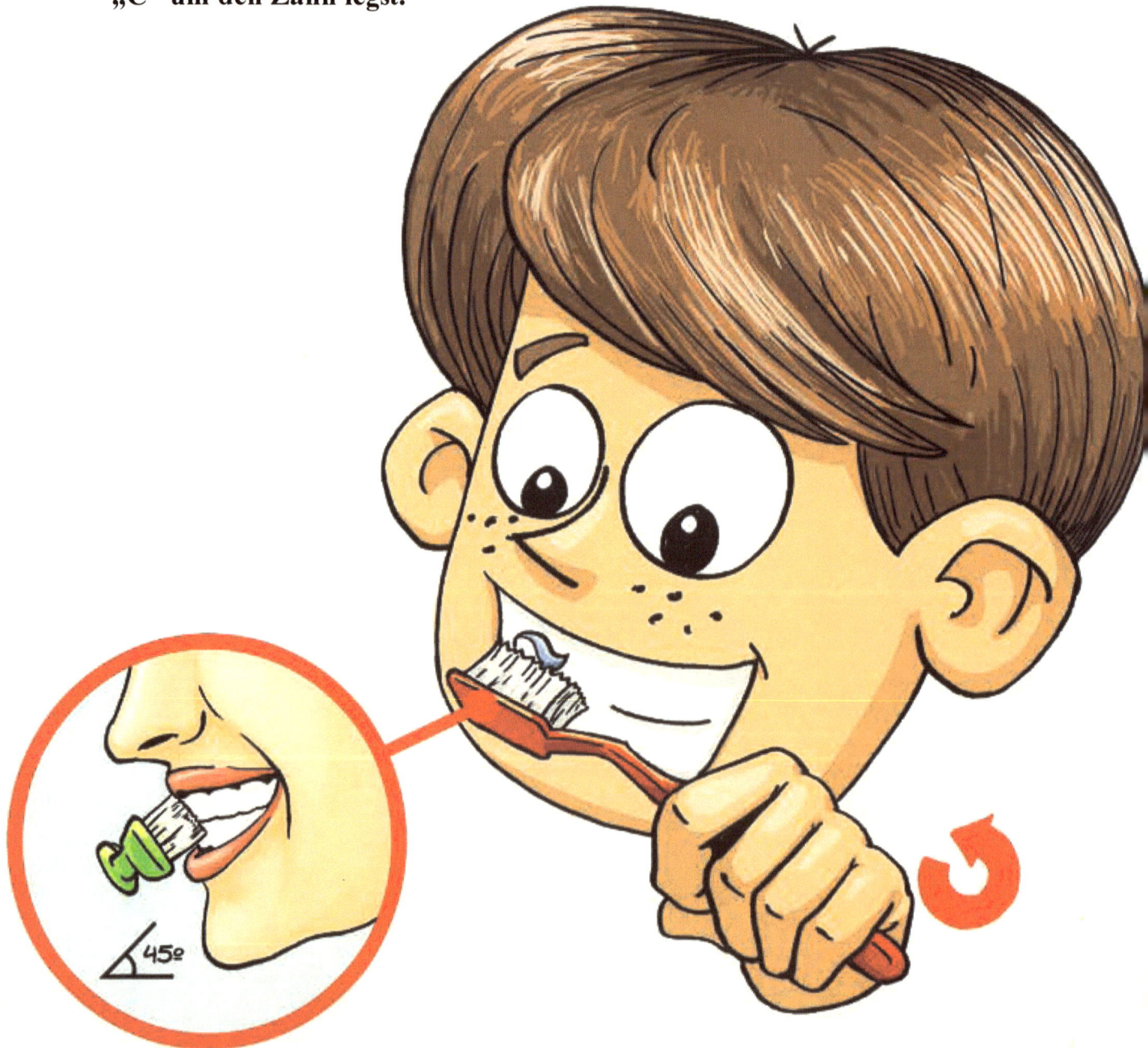

GLOSSAR

Zahnseide – Faden, mit dem du die Zahnzwischenräume reinigst, die deine Zahnbürste nicht erreicht

Fluorid – Mineral, das die Säureproduktion von Bakterien hemmt und so Karies vorbeugt

Milch – Enthält Kalzium, das deine Zähne vor Zahnfleischerkrankungen schützt und die Kieferknochen gesund hält. Milch enthält Laktose, also Zucker. Deshalb solltest du nach dem Trinken von Milch deine Zähne putzen, um den Zucker von den Zähnen zu entfernen

Molar – Ein Zahn, der bei Erwachsenen im Alter von etwa sechs Jahren im hinteren Bereich des Mundes durchbricht. Er dient zum Zerkleinern von Nahrung.

Gaumen – Die Oberseite deines Mundes.

S. Mutans – Bakterien, die sich aus Zahnbelag auf deinen Zähnen bilden, sich von Zucker ernähren und Karies verursachen.

Zahnbürste – Ein Gerät, mit dem du Zahnpasta aufnimmst, um deine Zähne zu reinigen, indem du alle Zahnoberflächen sanft mit kreisenden Bewegungen abbürstest.

Zahnpasta – Eine dickflüssige Substanz, die zum Reinigen der Zähne verwendet wird, um Plaque und andere Ablagerungen zu entfernen

Zwei-Minuten-Timer – Die Zeit, die du zum Reinigen aller Zähne benötigst

Xylitol – Ein Zuckeralkohol, der verhindert, dass Bakterien an den Zähnen haften bleiben

ÜBER DIE AUTORIN

Anne Sprabery wuchs in Meridian, Mississippi, auf und hat ihren Abschluss an der Creighton Dental School gemacht. Während ihrer Zeit als Zahnärztin hat Anne gemerkt, wie wichtig es ist, die Leute, vor allem Kinder, auf eine lustige und einprägsame Art über Mundgesundheit aufzuklären. Sie hat sich sehr für die Mundgesundheit von Kindern interessiert und wollte die Leute auf eine positive Art erreichen und ihre eigene Begeisterung teilen. Anne lebt jetzt in Tennessee, wo sie in ihrer eigenen Praxis als allgemeine Zahnärztin arbeitet.

In ihrer Freizeit reist Anne gerne, genießt die Natur mit ihrem Mann und sucht nach neuen Abenteuern, die sie mit ihrer Familie teilen kann. „

The Adventures of Billy Molar: The S. Mutans Revolution" ist Annes erstes Kinderbuch.

www.ingramcontent.com/pod-product-compliance
Lightning Source LLC
Chambersburg PA
CBHW061143030426

42335CB00002B/81